<그리스도인이면 꼭 알아야 할 성경 지식>

적그리스도와 짐승의 표

서울솔로몬학교 성경연수원

차 례

이 책에 인용된 성경 구절은 〈한글킹제임스성경〉입니다.

제1과
적그리스도는 누구인가?

『아무도 어떤 모양으로든지 너희를 미혹하지 못하게 하라. 이는 먼저 배교하는 일이 이르지 않고, 또 그 죄의 사람 곧 멸망의 아들이 나타나지 않고서는 그 날이 오지 아니함이라』(살후 2:3).

휴거 이후의 일들

■ 휴거가 일어나면 남은 일은 무엇인가? ■

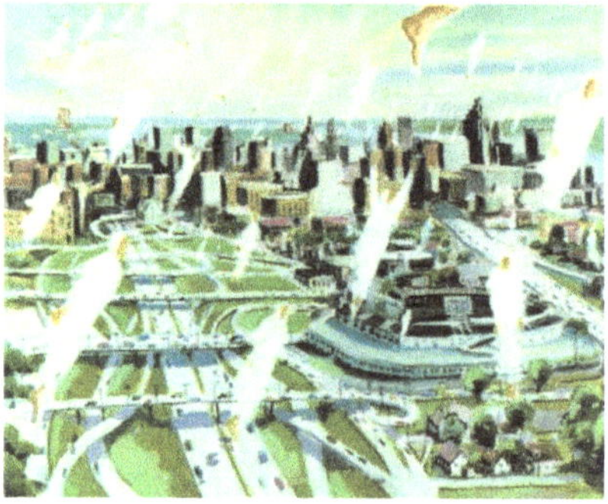

▲ 휴거

휴거가 일어날 때 당신은 빛의 속도보다 더 빠르게 공중으로 끌려 올라가 살아 있는 채로 이 지구를 떠나게 되든지, 아니면 물질 만능주의 세상에 집착하고 있는 현재 모습 그대로 지상에 남겨져 인류 역사상 전무후무한 대재앙을 겪게 되든지, 둘 중 한 가지 상황에 처하게 된다. 지상에 남겨진 자들이 처하게 될 세상은 성경에서 "죄의 사람, 멸망의 아들, 적그리스도"라고 불리는 "한 독재자"에 의해 통제되는 세상인데, 이것은 요한계시록 6-19장에서 자세히 묘사하고 있다.

대환란 기간 중 적그리스도의 치하에서는 그의 이름의 숫자인 "666"을 받지 않으면 자동차 휘발유도, 갓난아기를 먹일 우유도 살 수 없다. 대환란을 대비하기라도 하듯, 이 숫자 체계는 이미 각종 면허 허가 번호판, 식품점 상품 품목, 신용카드, 대기업의 생산품 등에 사용되고 있다. [〈휴거 이후에 있을 일들, 피터 럭크만〉, 「제2장 수백만 명이 사라진다!」, p.51]

적그리스도의 정체는 무엇인가?

교회가 들림받고 나면 지상에서는 환란 시대가 시작되는데, 그때 사탄의 화신인 적그리스도가 본격적으로 전 세계를 다스리게 된다. 그러나 "적그리스도"와 관련하여 기독교계에는 많은 혼란이 있다. 그렇다면 적그리스도는 누구인가? 성경적으로 그의 정체를 하나씩 벗겨 보도록 하자!

1. 적그리스도는 "한 사람"(a man)이다(계 13:18, 사 14:16,17, 겔 28:2).

적그리스도는 개혁주의자들과 무(후)천년주의자들 등이 오해하듯, 교황을 중심으로 하는 "**로마카톨릭 세력**"이나 "**로마카톨릭 체제**" 또는 "**부활한 로마제국**"이 아니다. 심지어 "**공산주의 집단**"도 아니며, 히틀러 같은 독재자들이나 여러 명의 교황들을 의미하지도 않는다. **한 사람 "적그리스도"(Antichrist)는 여러 명의 많은 "적그리스도들"(anti- christs, 요일 2:18,22; 4:3, 요이 1:7)과 구분된다**. 자신이 메시아라고 주장하는 적그리스도들이 있어 왔으며(마 24:5), 교황들과 마호메트는 역사상 가장 사악한 "**적그리스도들**" 가운데 하나이다. 또한 그는 **"죄의 사람"(man of sin)이다(살후 2:3)**. 이는 그가 "**죄의 기원**"인(사 14:12-15) 사탄이 인간의 몸으로 육화한 존재이기("**불법의 신비**" - 살후 2:7) 때문이다.

2. 적그리스도는 "멸망의 아들"(son of perdition)이다(살후 2:3).

적그리스도의 이름은 "멸망"이다(계 9:11). 그는 끝없이 깊은 구렁에서 나와

이 세상을 정복하고 평화로 많은 것을 멸하다가(단 8:25), 결국 멸망으로 들어갈 것이다(계 17:8,11). 그는 **"유다 이스카리옷"과 동일한 존재이다**. 예수 그리스도 초림 당시 유다 이스카리옷은 "**멸망의 아들**"로 불린다(요 17:12). 그가 죽었을 때 "**자신의 거처**"(his own place)로 갔는데(행 1:25), 그 장소는 끝없이 깊은 구렁이다(계 9:11). 그는 끝없이 깊은 구렁의 천사이자 "**왕**"으로 불린다(계 9:11). 초림 당시 끝없이 깊은 구렁에서 나와 지상에서 사람의 모습으로 주 예수 그리스도와 함께 3년 반 동안 지냈다가 죽었을 때 그곳으로 다시 돌아갔고, 환란 시대에는 다시 지상으로 올라와서 "**후 3년 반**" 동안 두드러지게 활동하다가 멸망으로 들어가게 될 것이다.

『네가 본 그 짐승은 전에[초림 당시] 있었다가 지금은[요한계시록이 기록될 당시] 없고, 앞으로[대환란 때] 끝없이 깊은 구렁으로부터 나와서 멸망으로[재림 때] 들어갈 자라. 또 땅 위에 사는 자들, 곧 세상의 기초가 놓인 이래로 생명의 책에 그 이름이 기록되지 않은 자들이 전에 있었다가 지금은 없고 그러나 있는 그 짐승을 보고 놀랄 것이라』(계 17:8, cf. 계 17:11).

3. 적그리스도는 "대적하는 자"이며(살후 2:4, 계 13:6, 단 7:25; 8:25), "비히못"(욥 40:15)이라 불리는 "한 짐승"(a beast)이다(계 13:1).

적그리스도는 **두렵고 심히 무서우며, 힘이 매우 세고, 철로 된 큰 이빨과 열 개의 뿔과 놋으로 된 발톱을 가진 짐승이며(단 7:7,8,19-26), 사자(단 7:4), 곰(단 7:5), 표범(단 7:6)으로 이루어진 "복합적인 짐승"이다**. **『또 내가 본 그 짐승**[적그리스도]**은 표범과 같고, 발은 곰의 발 같고, 입은 사자의 입 같은데, 용**[사탄]**이 자기의 능력과 자리와 큰 권세를 그 짐승**[적그리스도]**에게 주더라』**(계

13:2). 욥기에서 "**비히못**"으로 묘사되는 적그리스도의 왕국과 관련하여, 다니엘서와 비교해 보면, 사회적으로 각종 인종들이 뒤섞인 국민들로 구성된 미국과 같은 통합 국가의 형태를 띨 것이고(표범의 몸), 정치적으로는 러시아와 같은 공산주의 체제가 될 것이며(곰의 발), 사용하는 언어는 영어가 될 것이다(사자의 입).

▲ 경제를 주관하는 교황

4. 적그리스도는 자신을 하나님이라고 말할 정도로 "교만한 자"이다(겔 28:2).

적그리스도는 **하나님의 성전(하나님의 자리)에 앉아 스스로를 하나님처럼 보이면서 하나님이라고 주장할 것이다(살후 2:4). 하나님이라고 불리는 모든 것과 숭배 받는 대상 위에 자신을 높이고(단 11:36,37), 모든 종교 위에 군림할 것이다**.

적그리스도의 특징은 무엇인가?

1. 적그리스도는 "시리아계 유대인으로 함족의 피"를 이어받은 자다.

적그리스도와 동일한 존재인 유다 이스카리옷(Judas Iscariot)은 "**크리욧(키리욧) 사람**"으로서 "**모압**" 출신의(렘 48:24,25) "**시리아인**"이다.[1] 모압의 한쪽 팔이 부러졌듯이(렘 48:25), 적그리스도는 한쪽 팔과 오른 눈에 치명적인 상처를 입게 된다(슥 11:17, 계 13:3). 또한 "**시리아 왕**" 안티오쿠스 에피파네스로 예표되는 적그리스도는 다니엘 8장에서 숫염소의 두드러진 네 뿔 중 하나(시리아)에서 나오는 "**작은 뿔**"로 묘사되고(단 8:8-12), 다니엘 11장에서는 "**북쪽(시리아) 왕**"으로 묘사된다(단 11:21-31). 그리고 그는 유대인들에게 자신을 메시아로 속이기 위해서는 "**유대인의 혈통**"을 지니고 있어야 한다(겔 21:25 - 『**너 불량스럽고 악한 이스라엘의 통치자야**』, cf. 사 14:20, 단 11:38, 요 5:43). 또다른 적그리스도의 예표인 님롯은 최초의 이방 왕국을 세워 하나님을 대적한 인물인데(창 10:8-10), 그는 쿠스(에디오피아)의 아들로서 "**함족 출신의 흑인**"이다. 『**에디오피아인이 그의 피부를 바꿀 수 있으며 표범이 그의 점들을 바꿀 수 있겠느냐?**』(렘 13:23)

2. 적그리스도는 종교가 "로마카톨릭"이기에 카톨릭을 기반으로 등장한다(계 17,18장).

적그리스도는 정치적인 권력과 종교적인 권력을 지닌 로마카톨릭, 곧 "**신비의 바빌론**"(계 17:5)이라 불리는 "**큰 창녀**"를(계 17:1-7,18) 등에 업고 나타난다. 『**한 여자가 주홍빛 짐승 위에 앉아 있는데**』(계 17:3). 적그리스도는 마지막 교황일 수도 있다. 또한 적그리스도는 교황청을 기반으로 하여 국제적으로 세금을 거두고 부를 축적할 것이기 때문에(계 18장, 겔 28:4,5) 『**세금을 거두는 자**』로도 묘사된다(단 11:20, cf. 눅 2:1-3). 그는 로

---

1) "모압"은 현재 트랜스요르단에 속하지만, 초림 당시에는 "시리아"와 관련된 지역이었다.

마카톨릭의 "미사"를 발전시켜서 자신의 종교를 받아들이지 않는 자들을 실제로 죽이는 희생제사를 지낼 것이다(시 16:4, 계 6:9-11). 특히 예루살렘에 있는 유대인들은 적그리스도의 제단에 희생제물로 드려지고 제사 의식의 순서에 따라 사람 고기로 먹힐 것이다(사 6:13, 미 3:3, cf. 슾 1:4).

3. 적그리스도는 다니엘보다 더 "현명한 자"이다(겔 28:3).

난해한 문장들을 깨닫고(단 8:23) 자신의 지혜를 통해 기술을 늘린다(단 8:25). 불가사의한 재능과 사람들을 매혹시키는 인품과 다재다능함을 갖추고 있다. 초인적인 지혜와 탁월한 통치력으로 전 세계를 지배할 것인데, 그는 이 모든 능력을 사탄으로부터 받게 된다.

4. 적그리스도는 하나님의 삼위일체를 모방한다.

사탄의 혼(바알)과 유다 이스카리옷의 영(발라암)과 교황의 물리적인 몸(발락)을 입고 나타날 것이다.

5. 적그리스도는 "박애주의자요 평화주의자"로 등장한다.

대환란 기간 동안 적그리스도는 "온 인류의 친구"로 자처하면서, 유대인들을 "황금시대"로 인도하는 존재처럼 믿게 하여 그들의 특별한 친구로 행세할 것이다. 이로 인해 이스라엘은 대환란 때 적그리스도와 "**화평의 조약**"을 맺을 것이지만, 결국 그것은 유대인들을 파멸로 몰아가게 된다(사 28:15, 단 9:27, 시 120:6,7, cf. 눅 22:5). 『**사망과 더불어 맺은 너희의 언약이 무효화되며 지옥과 한 너희의 합의가 서지 못하리니 넘치는 재앙이 지나가면 너희가 그것에 짓밟**

함을 당하리라』(사 28:18). **적그리스도는 "평화의 사도"로 자처할 것이지만, 바로 그 "평화"를 이용하여 많은 것들을 멸할 것이다(단 8:25). 평화로 평화를 짓밟는 것이다(단 11:21,24, 시 28:3).**

6. 적그리스도는 "에큐메니칼과 뉴에지운동"을 주도하며 등장한다.

적그리스도는 종교를 통합시키고, "**한 목자에 한 양떼**"를(요 10:16) 외치는 자들을 이끄는 "**우상 목자**"(슥 11:17)가 될 것이다. 뉴에이지 운동을 확산시킬 것인데, 뉴에이지의 기본 개념은 "**단합과 연합**"이다. 곧 선과 악의 경계를 무너뜨릴 것이다. 『**주께서는 선도 행하지 아니하시고 악도 행하지 아니하시리라**』(습 1:12).

적그리스도는 "다른 계보"와 "다른 복음"을 가진 "또 하나의 그리스도"이다. 그는 모든 성경 변개의 저자이며, 모든 성경 변개자의 아비이다.

"미혹의 영"은 온 세상 사람들을 속여 사탄의 휘하에 집어넣으면서 적그리스도의 길을 예비하고 있다. 이 길은 철학과 과학과 기독교 안에서 효과적이고, 또 지속적으로 이루어지고 있다. 왜냐하면 이 영역들이 바로 거짓 진리 탐구의 영역이기 때문이다. 과학자들, 철학자들, 신부들, 주교들, 교황들, 추기경들, 독재자들, 집사들, 장로들, 신학자들, 수도사들, 공산주의자들, 수녀들, 무신론자들, 실용주의자들, 실존주의자들, 자연주의자들, 현실주의자들, 이상주의자들, 인문주의자들 등의 사람들, 이 잡다한 무리는 동일한 지휘관을 향해 충성을 다하고 있다. 이들 모두는 하나님의 말씀의 권위 위에 다른 권위들, 즉 교회의 전통이나 학자들의 해석 등의 권위를 둔다. 즉 이들은 항상

성경을 반대하는 권위를 인정하는 것이다. 겉으로는 가장 거룩한 체하고 가장 진리를 사랑하는 것 같지만, 사실 이들은 데살로니가후서 2:2-12의 말씀을 이루어 나가고 있으니, 불의와 함께 적그리스도의 길을 예비해 나가고 있는 것이다. 로마카톨릭이 이 길에 앞장섰고, 그 군대가 뒤를 따른다. [〈짐승의 표, 피터 럭크만〉, 「제3장 그리스도가 아닌 또 하나의 "그리스도"」, pp.49,50]

▪ 새롭게 깨달았거나 적용할 내용이 있다면 적어 보세요. ▪

제1과
복습문제

1. 적그리스도는 ( )의 사람이다(살후 2:3). 이는 그가 "죄의 기원"인(사 14:12-15) 사탄이 인간의 몸으로 육화한 존재이기("불법의 신비" - 살후 2:7) 때문이다.

2. 적그리스도는 ( )의 아들이다(살후 2:3). 적그리스도의 이름은 ( )이다(계 9:11). 그는 끝없이 깊은 구렁에서 나와 이 세상을 정복하고 평화로 많은 것을 멸하다가(단 8:25), 결국 멸망으로 들어갈 것이다(계 17:8,11).

3. 적그리스도는 ( )과 동일한 존재이다. 그 역시 "멸망의 아들"로 불리고(요 17:12), 그가 죽었을 때 "자신의 거처"(his own place)로 갔는데(행 1:25), 그 장소는 끝없이 깊은 구렁이다(계 9:11).

4. 욥기는 적그리스도를 ( )이라 부르며, 적그리스도는 "시리아계 유대인으로 ( )족의 피"를 이어받은 자다.

5. 적그리스도는 그의 종교인 ( )을 기반으로 등장한다(계 17,18장).

■ 복습 문제의 정답은 홈페이지(www.solomonbtc.org)에서 확인할 수 있습니다.

NOTES

NOTES

제2과
적그리스도의 예표들

『그는 대적하는 자며, 또 하나님이라고 불리는 모든 것과 숭배받는 대상 위에 자신을 높여 하나님의 성전에 앉아 하나님처럼 보여 자신을 하나님이라고 하느니라』(살후 2:4).

모방하는 자 "적그리스도"

■ 성경에서 두 번째로 두드러진 인물, 적그리스도 ■

▲ 흉악한 짐승

제1강에서 살펴보았듯이 요한 계시록의 짐승, 곧 적그리스도는 공산주의 같은 사상이 아니며, 로마카톨릭 체제나 지금까지의 교황들 또는 이단 종파들의 창시자들도 아니다. 물론 예수 그리스도를 대적하는 자들로서의 "많은 적그리스도들"(요일 2:18)이 있었다. 그러나 우리가 여기서 다루는 적그리스도는 한마디로 말해서 사탄이 육화한 존재이고, 전 세계를 미혹하여 용과 자신을 경배하게 할 특정한 "한 사람"이다!

원래 사탄이라는 존재는 예수 그리스도를 "모방하는 자"이다. 사탄은 또 다른 복음, 또 다른 예수, 또 다른 영을 전파하는 그의 일꾼들을 거느리고 있다. 사탄은 예수 그리스도 행세를 하는 적그리스도를 통해 세상을 지배할 것이다. 따라서 거듭나지도 않고, 바른 성경으로 하나님의 말씀을 올바로 나누어서 공부하지도 않으면, 적그리스도의 실체를 알 수 없고, 결국 주 하나님을 위해 사는 것이 아니라 장차 이 땅을 지배할 적그리스도를 위해 살게 된다.

성경 전체에 계시된 적그리스도의 예표들

진리의 하나님께서는 장차 등장하게 될 "적그리스도에 관한 예표"가 되는 여러 명의 인물들을 성경 안에 기록해 두심으로써 적그리스도의 정체와 그에 관한 정보를 더욱 정확하게 보여 주고 계신다. 성경은 적그리스도에 관하여 18명의 예표들을 보여 준다.

1. 카인

『시간이 흐른 후에 카인은 땅에서 나는 열매를 가져와서 주께 제물로 드렸고, 아벨도 자기 양떼 가운데서 첫배 새끼들과 그 살진 것을 가져왔더니, 주께서 아벨과 그의 제물은 받으셨으나, 카인과 그의 제물은 받지 아니하셨더라. 그러므로 카인이 몹시 격노하고 안색이 변하더라... 카인이 그의 아우 아벨에게 달려들어 그를 죽이니라』(창 4:3-5, 8). 『카인같이 되지 말라. 그는 그 악한 자로부터 나왔으며 자기 아우를 살해하였으니, 무슨 연고로 그를 죽였겠느냐? 이는 그 자신의 행위는 악하고 그 아우의 행위는 의로웠기 때문이라』(요일 3:12)

예표적으로 그는 "**뱀의 씨**"이다. 성경은 그가 "**악한 자로부터 나왔다**."라고 말씀한다(요일 3:12). 또한 그는 살인자를 뜻하는 표를 지녔다. 카인이 저주받은 땅에서 자신의 노력으로 수확한 농작물을 하나님께 가져와서 받아들여지기를 원했던 것은, 그의 종교가 행위의 종교임을 보여 준다. 행위 종교의 대표가 바로 로마카톨릭이다.

2. 님롯

『쿠스가 또 님롯을 낳았으니, 그가 세상에서 처음으로 힘센 자가 되었더라. 그가 **주** 앞에서 힘센 사냥꾼이었으므로, 사람들이 말하기를 "**주** 앞에 님롯 같은 힘센 사냥꾼이라." 하더라. 그의 왕국의 시작은 시날 땅에 있는 바벨과 에렉과 악캇과 칼네에서였으며』(창 10:8-10)

이 이름은 "**반역**"이라는 뜻이다. 아담의 13대 후손으로, 인간들의 영예를 위해 최초의 "**민족 연합**"(United Nations, UN)을 창설했다. 그는 "**함족**"인데, 함의 후손은 카인처럼 하나님의 "**저주**"를 받았다. 또한 "**님롯**"이란 말은 "**표범**"이란 단어의 파생어근이기도 하다(계 13:2). 그는 시날 땅에서 왕국을 시작했다. 그곳은 "**바빌론**"이었는데, 님롯이 바로 고대 "**바빌론 종교**," 곧 로마카톨릭의 뿌리가 되는 종교를 만든 자이다(창 10:8-10).

3. 파라오

『파라오가 말하기를 "**주**가 누구기에 내가 그의 말을 복종하고 이스라엘을 보내겠느냐? 나는 주를 알지 못하며, 또한 이스라엘로 가게 하지도 아니하리라." 하더라』(출 5:2)

이스라엘을 박해했던 이집트의 왕인데, 에스겔 29장에서는 요한계시록 12:1-4에서처럼 그를 "**용**"이라고 부른다(겔 29:3, 변개된 성경들은 그를 "**악어**"라고 해 놓았음). 요한계시록 11:6과 같은 재앙이 그에게 내렸었고, 이스라엘을 억압하는 그의 말은 적그리스도의 모습을 보여 준다(출 5:2). 파라오는 모세를 대적했는데, 이것은 대환란 때에도 적그리스도가 온갖 재앙으로 땅을 치는 모세와 엘리야를 대적할 것임을 보여 준다.

4. 발락

『아침에 발락이 발라암을 데리고 바알의 산당에 올라가, 발라암으로 거기서 그 백성의 맨 끝을 보게 하더라』 (민 22:41). 『또 내가 보니, 개구리 같은 더러운 세 영이 용의 입과 짐승의 입과 거짓 선지자의 입에서 나오는데』(계 16:13).

이 사람은 이스라엘을 없애 버리려 했던 자로서, 이스라엘로 하여금 바알을 숭배하게 하여 타락하게 만든 장본인이다(민 22-25장). 그의 예언자는 발라암이었는데, 이로써 바알(아버지), 발락(아들), 발라암(불결한 영)의 삼위일체를 형성하게 된다(계 16:13). 바알(Baal)은 "**황소**"(Bull) 또는 "**수소**"(Ox)라는 뜻이다.

5. 시스라

『그녀[야엘]가 손에 못을 잡고 오른손에 일꾼의 큰 망치를 들고 그 망치로 시스라를 쳤으니, 그의 머리를 쳐서 그의 관자놀이를 뚫었도다』(판 5:26).

이방 왕의 장군으로서 므깃도(아마겟돈)에서 패배한다(계 16:16, 판 5:19). 재판관기 5장은 이 사람이 예표하는 적그리스도에 관한 예언인데, 별들이 그들의 길에서 시스라와 싸웠다고 말씀한다(판 5:19,20, 계 19장). 그와 싸웠던 자는 예수 그리스도의 모형이다(판 5:12, 엡 4:8). 자유주의자들은 재판관기 5장을 단지 "시"일 뿐이라고 말하고 모든 시는 비유적이라고 주장함으로써, 시스라를 통해 적그리스도를 예언하고 있는 모든 예언을 감추어 버렸다. 시스라는 머리를 맞아 죽는다(창 3:15, 판 5:26).

6. 아비멜렉

『아비멜렉이 망대로 와서 그것을 치고 불태우려고 망대의 문에 가까이 가니 어떤 여인이 맷돌 한 짝을 아비멜렉의 머리 위에 던져 그의 두개골을 깨뜨리니라』(판 9:52,53)

이 자는 머리를 맞아(롬 16:20, 합 3:13) 죽은 반역자이다(판 9장).

7. 압살롬

『압살롬이 희생제를 드릴 때에, 사람을 보내어 다윗의 의논자인 길로인 아히도펠을 그의 성읍, 즉 길로에서 청하니라. 음모가 굳어지니, 압살롬과 함께하는 백성이 계속 늘어나더라』(삼하 15:12)

이 이름은 "**평화의 아버지**"라는 뜻이다. 그의 이름에 합당하게 그는 전쟁을 치르지 않고 꾀를 써서 "**평화롭게**" 왕국을 차지한다(삼하 15:2-6, 단 8:25; 11:24). 그는 예수 그리스도의 모형인 다윗을 대적하여 반역을 꾀한다. 그는 용모가 매우 아름답고(삼하 14:25,26, 겔 28:15), 에서와 같이 털이 많으며, 나무에 달려 죽는다(갈 3:13, 마 27:5). 또한 적그리스도처럼 자기 자신만의 거처가 있었으며 자기 기념비를 세웠다(삼하 18:18, 계 13:14,15).

8. 사울

『사울이 그의 집에서 손에 창을 쥐고 앉아 있을 때 **主**께로부터 온 악령이 사울에게 임하였는데, 다윗은 손으로 연주를 하고 있었더라. 그때 사울이 그 창으로 다윗을 벽에 박으려 하였으나 그가 사울의 면전에서 빠져나간지라, 사울이 그 창을 벽에 박았더라. 다윗이 도망하여 그 밤에 피하니라』(삼상 19:9,10).

사울은 악령이 들렸고, 하나님께 반역했다. 제사장 직분을 취했으며, 우상숭배자였고, 주 예수 그리스도의 모형인 다윗을 대적했으며, 신장이 컸다(살후 2:2-6, 계 13:3-6).

9. 골리앗

『그가 그들과 말할 때, 보라, 골리앗이라 이름하는 가드 출신의 필리스티아인 최고 투사가 필리스티아인들의 진영에서 나와 같은 말을 하니, 다윗이 듣더라... 다윗이 자루에 손을 넣어 거기서 돌 하나를 꺼내어 물매를 던져 그 필리스티아인의 이마를 치니, 그 돌이 그의 이마 깊숙이 박힌지라, 그가 쓰러져 얼굴을 땅에 박더라』(삼상 17:23,49).

이 자도 신장이 매우 컸는데, 머리에 상처를 입고 죽는다. 골리앗도 님롯이나 발락, 파라오와 같이 함족 계열이다. 그는 여섯 개의 갑주로 무장했으며(삼상 17:4-7), 엘라 골짜기 전투에서 예수 그리스도의 모형인 다윗의 물매 돌에 맞아 죽임을 당한다.

10. 솔로몬

『일 년 동안 솔로몬에게 들어온 금의 무게가 금 육백육십육 달란트인데』(대하 9:13).

그는 다윗의 아들로서 처음에는 예수 그리스도의 모형 같았지만, 갑자기 "**적그리스도의 모형**"으로 돌변한다. 이것은 적그리스도가 환란 시대 중간에 "멸망의 아들"로 변하여 유대인과 맺은 언약을 깨뜨리는 것과 같다(단 9:27). 그의 숫자는 "666"이고(대하 9:13), 그의 보좌 좌우편 여섯 계단에는 여섯 마리의 사자가 있었다(대하 9:18,19). 그는 이스라엘 전체가 바알과 온갖 우상 숭배의 전당이 되도록 만들었다(왕상 11:1-9).

11. 아합

『오므리의 아들 아합이 **주**의 목전에서 자기 앞에 있던 모든 사람보다 더 악을 행하였더라. 느밧의 아들 여로보암의 죄들을 행하는 것이 그에게는 마치 가벼운 것 같았으니 그가 시돈인들의 엣바알왕의 딸 이세벨을 아내로 삼아 가서 바알을 섬기고 그에게 경배하였으며』(왕상 16:30,31).

북왕국 이스라엘의 사악한 왕으로서(겔 21:25-27) 시돈의 바알 숭배자와 결혼한다(왕상 16:31). 선지자 엘리야가 아합을 대적했는데, 초림 때는 엘리야의 영과 능력을 가진 침례인 요한이 왕의 선두주자로서 사역했고, 재림 때는 엘리야가 두 증인 중 하나로 등장하여 예수 그리스도의 재림에 앞서 그분의 길을 예비하게 된다. 아합은 로마카톨릭처럼 "**아버지**"라 불리는 바알 제사장들을 거느렸으며(판 17:1-3,5,7-13; 18:1,6,14-25,28-31, 왕하 10:22), 이 제사장들은 몸을 상하게 하는 고행으로 바알을 경배한다(왕상 18:17,27,28). 더 나아가 그들은 "**성체**"(聖體)로 "**하늘의 여왕**"에게 영광을 돌린다(렘 44:19,25).

12. 여로보암

『이에 왕이 계략을 꾸미고 금송아지 둘을 만들어 백성에게 말하기를 "예루살렘에 올라가는 것이 너희에게 너무 수고스럽도다. 오 이스라엘아, 너를 이집트 땅에서 인도해 내신 네 신들을 보라." 하고 그가 하나는 벧엘에 두고, 다른 하나는 단에 두니라』(왕상 12:28,29).

아합과 마찬가지로 북왕국 이스라엘의 사악한 왕이다(겔 21:25-27). 그는 르호보암에게 반역하여 이스라엘 왕국을 세웠고, 금송아지를 만들어 바알을 경배했다(왕상 12:25-33, 호 13:2, 왕상 19:18). 그는 적그리스도처럼 한쪽 손이 말라 버리게 되었다(슥 11:16,17, 왕상 13:4).

13. 나발

『아침이 되어 나발이 포도주에서 깨자 그의 아내가 이 일들을 그에게 고하니, 그의 마음이 그의 안에서 죽어, 그가 돌과 같이 된지라. 약 열흘 후에 **주**께서 나발을 치시니, 그가 죽더라.』(삼상 25:37,38).

나발은 예수 그리스도의 예표인 다윗을 대적하다가 하나님께 죽임을 당한다

(삼상 25:36-38). 파라오가 "**주가 누구이기에**"라고 말했던 것처럼 나발도 "**다윗이 누구며, 이새의 아들이 누구냐?**"라고 말한다. "**주**"대신 "**다윗**"이 들어갔을 뿐이다(삼상 25:10, 출 5:2). 그도 적그리스도처럼 모독하는 입을 가졌던 것이다(계 13:1,5,6).

14. 산헤립

『그날 밤에 **주**의 천사가 나가서 앗시리아 진영에서 십팔만 오천 명을 쳤더라. 사람들이 아침에 일찍 일어났더니, 보라, 그들이 모두 죽은 시체더라. 그리하여 앗시리아의 산헤립왕이 떠나 돌아가서 니느웨에 거하였는데』(왕하 19:35,36)

이스라엘을 대적한 이방 민족의 왕으로서, 이스라엘을 대적하여 군대를 일으켰다. 그는 이스라엘의 하나님을 모독하고 예루살렘에 있는 유대인들을 위협하며 포위한다. 그러나 그의 침략은 주의 천사에 의해 실패로 돌아간다(왕하 19:35).

15. 느부캇넷살

『그러므로 그 때 모든 사람들이 뿔나팔과 피리와 하프와 사베카와 솔터리와 모든 악기 소리를 들을 때에 모든 백성과 민족들과 언어들이 엎드려서 느부캇넷살왕이 세운 금상에 경배하더라』(단 3:7).

이 자는 자기 형상을 세웠는데(계 13장), 그 우상은 높이가 60큐빗이고 너비와 폭이 각각 6큐빗씩이다(단 3:1, 계 13:18). 적그리스도가 유대인의 "**남은 자들**"(remnants)을 박해하듯이, 그도 이 우상에게 경배하지 않는 사람들을 뜨거운 용광로에 던져 넣는다(단 3:16-19). 이 우상 숭배에 사용된 악기는 여섯 가지이며, 다니엘 3장에서는 그가 형상을 세웠다는 표현이 여섯 번 나온다(단 3:1,2,3,4,5,7). 느부캇넷살은 자신을 높이다가 "**짐승의 마음**"을 가진 채로 "일곱 때"(7년)를 보낸다(단 4:16). 그는 바빌론의 왕이다(계 17장). 또한 파라오처럼 "**용**"으로도 불린다(렘 51:34, 계 12:1-4).

16. 하만

> 『내시 중 하나인 할보나가 왕 앞에서 말하기를 "높이 오십 큐빗의 교수대가 하만의 집에 서 있는 것을 또한 보소서. 하만이 왕을 위하여 좋은 조언을 한 모르드캐를 매달려고 만든 것이니이다." 하니 왕이 말하기를 "하만을 그 위에 매달라." 하더라』(에 7:9).

그는 "**대적**"과 "**원수**"로 불리는데(에 7:6), 이 명칭은 "**사탄**"이라는 이름의 뜻과 같은 것이다. 그는 파라오와 적그리스도처럼(계 12:17) 유대인 말살 정책을 만들고, 유다와 압살롬처럼 나무에 매달려 죽는다(에 7:10, 신 21:23, 갈 3:13).

17. 헤롯

> 『사람들이 외치기를 "저것은 신의 음성이지 사람의 음성이 아니다."라고 하니 그때 즉시 주의 천사가 그를 치더라. 이는 그가 하나님께 영광을 돌리지 아니하였기 때문이라. 그리하여 벌레들이 그를 먹으니 그가 숨을 거두더라』(행 12:22,23).

사람들이 그의 음성을 "**신의 음성**"이라고 말했을 때, 헤롯은 그 영광을 하나님께 돌리지 않아 죽게 된다(행 12:22,23, 계 19:20).

18. 유다 이스카리옷

『예수께서 그들에게 대답하시기를 "내가 너희 열둘을 택하지 아니하였느냐? 그러나 너희 중에 하나는 마귀니라." 고 하시니라. 주께서는 시몬의 아들 유다 이스카리옷에 대해 말씀하셨으니, 이는 그가 열둘 가운데 하나로 주를 배반할 자였음이라』(요 6:70,71).

그는 원래 하나의 마귀였다(a devil, 요 6:70,71). 나무에 매달려 죽었으며, 죽은 후에는 "**자기 거처**"로 갔다(행 1:25). 예수님을 3년 반 동안 따랐고 그리스도의 이름으로 행했다. 장차 적그리스도도 "**가장 훌륭한 그리스도의 제자**"로 등장할 것이다. 그는 멸망의 아들로 불린다(요 17:12). "**이스카리옷**"은 "**크리욧(키리욧) 사람**"이라는 뜻이며, 크리욧은 모압에 있다(렘 48:2,10,15,24,41). 유다는 모압 혈통의 혼혈 함족인 유대인이었다.

■ 새롭게 깨달았거나 적용할 내용이 있다면 적어 보세요. ■

■ 주 예수 그리스도와 대비되는 인물, 적그리스도 ■

주 예수 그리스도께서는 성경의 주인공이시다. 그래서 예수님에 관한 예표들과 예언들이 성경 전체에 걸쳐 다채롭게 나온다. 성경을 공부하면서 주님을 더 알아가는 것은 성경대로 믿는 그리스도인들의 기쁨이다. 이렇게 주님을 더 알아가면서도, 동시에 우리는 성경 곳곳에서 적그리스도의 모습도 그 예표들을 통해 더 정확하게 볼 수 있는데, 그러면서 우리는 주님의 오심을 더욱 소망하게 되고 주님께서 오실 날을 대비하며 살 수 있게 된다. 『**우리에게 더 확실한 예언의 말씀이 있으니, 날이 새어 샛별이 너희 마음에 떠오르기까지 너희가 어두운 곳에서 빛나는 빛에 주의하듯 이 예언의 말씀에 주의하는 것이 잘하는 것이니라**』(벧후 1:19).

■ 새롭게 깨달았거나 적용할 내용이 있다면 적어 보세요. ■

제2과
복습문제

※ 각 문항의 설명에 해당하는 인물의 이름을 쓰시오.

1. 그는 "뱀의 씨"이다. 성경은 그를 "악한 자로부터 나왔다."라고 말씀한다(요일 3:12). 또한 그는 살인자를 뜻하는 표를 지녔다. (　　　　　　　　)

2. 그의 이름은 "반역"이라는 뜻이다. 아담의 13대 후손으로, 인간들의 영예를 위해 최초의 "민족 연합"(United Nations, UN)을 창설했다.
(　　　　　　　　)

3. 이방 왕의 장군으로, 므깃도(아마겟돈)에서 패배한다(계 16:16, 판 5:19). 재판관기 5장은 이 사람이 예표하는 적그리스도에 관한 예언인데, 별들이 그들의 길에서 그와 싸웠다고 말씀한다(판 5:19,20, 계 19장).
(　　　　　　　　)

4. 이 이름은 "평화의 아버지"라는 뜻이다. 그의 이름에 합당하게 그는 전쟁을 치르지 않고 꾀를 써서 "평화롭게" 왕국을 차지한다(삼하 15:2-6, 단 8:25; 11:24). 그는 예수 그리스도의 모형인 다윗을 대적하여 반역을 꾀한다.
(　　　　　　　　)

5. 처음에는 그가 예수 그리스도의 모형 같았지만, 중간에 갑자기 적그리스도

의 모형으로 돌변한다. 적그리스도와 같이 그의 숫자도 666이며(대하 9:13), 그의 보좌 좌우편 여섯 계단에는 여섯 마리의 사자가 있었다(대하 9:18,19).

(   )

6. 이 자는 자기 형상을 따라 거대한 우상을 세웠는데(계 13장, 단 3장), 이 우상은 높이가 60큐빗이고 너비와 폭이 각각 6큐빗씩이다(단 3:1, 계 13:18). "짐승의 마음"을 가진 채로 "일곱 때"(7년)를 보낸다(단 4:16).

(   )

7. 열두 제자 중 하나였으나, 그는 원래 하나의 마귀였다(a devil, 요 6:70,71). 예수 그리스도를 3년 반 동안 따랐고, 멸망의 아들로 불린다(요 17:12).

(   )

■ 새롭게 깨달았거나 적용할 내용이 있다면 적어 보세요. ■

■ 복습 문제의 정답은 홈페이지(www.solomonbtc.org)에서 확인할 수 있습니다.

NOTES

KJBC

킹제임스성경신학교는 피터 럭크만 박사가 미국 플로리다주 펜사콜라시에 설립한 Pensacola Bible Institute (PBI)에 기반을 두고 있습니다. 미국 Pensacola Bible Institute는 1965년 9월 개강한 이래로 지금까지 미국 내 정통 신학 교육의 요람으로서, 미국 내 유수한 근본주의 침례교 신학교들을 압도하고 성경대로 믿는 그리스도인들의 산실이 되고 있습니다. 자유주의와 현대주의를 배격하는 가운데 정통 교리의 수준 높은 신학 교육은 물론이요, 능력 있는 설교자 양성을 위한 강도 높은 훈련으로도 단연 으뜸입니다. 이처럼 본 신학교도 1991년에 세워진 이래로 이 땅에 바른 성경적 지식을 정착하고 신실한 하나님의 일꾼을 양성하는 데 총력을 기울여 오고 있습니다.

기존 신학교는 하나님의 말씀보다는 교단 신학과 학문으로서의 신학에 중점을 두어 가르치고 있습니다. 또한 편협한 교단 교리에 하나님의 말씀을 억지로 끼워 맞춰 가르치고 있기 때문에 이제는 하나님의 말씀에 근거한 신학을 제대로 가르치는 곳이 절대적으로 필요합니다. 이런 절실한 필요에 의해 본 신학교는 모든 교과 과정을 교단 신학이 아닌 하나님의 말씀으로 채움으로써 하나님의 말씀에 대한 올바른 지식을 터득할 수 있도록 구성하고 있습니다. 이렇게 구성된 모든 교과 과정은 성경 각 책에 대한 깊이 있는 수업과 설교의 실전 연습, 제반 목회 생활에 관한 실제적인 수업들로 이루어져 있으며, 무엇보다도 균형 있고 올바른 성경적 지식으로 무장할 수 있는 많은 수업들이 제공되고 있습니다.

킹제임스성경신학교는 설교자와 목회자, 성경 교사, 선교사를 양성하기 위한 곳으로, 3년의 모든 과정을 착실히 이수한 모든 학생들이 각자 하나님의 부르심에 따라 언제 어디서나 전담 사역자로서 사역할 수 있도록 양육받을 수 있는 국내 유일의 온·오프라인 정통 신학교입니다.

입학요강

	신학사(B.D.)	킹제임스성경신학원 신학석사(Th.M.)
수업연한	3년 (6학기)	2년 (4학기)
자　격	• 거듭난 그리스도인으로서 하나님께 쓰임받기 원하는 사람 • 고등학교 졸업자 및 졸업 예정자 또는 동등 이상의 학력이 인정되는 자(연령 제한 없음)	• 본교를 졸업한 신학사 학위 소지자로서 진리의 지식으로 효과적인 사역을 이루려는 분
선　발	서류전형(입학원서, 구원간증, 자기 소개서), 면접(서류 전형 합격자에게 개별 통보)	
학사일정	오프라인 봄 학기 매년 3월초 가을 학기 9월초 개강(총 16주) 월,화,목,금(오후 6:30 – 9:20) 온 라 인 수시접수 가능(한 학기 총 16주 / 100% 동영상 강의)	한 학기당 16주 과정 (화요일 오후 6:30 – 9:20)
원서교부	킹제임스성경신학교 교무처 / 인터넷 접수	

NOTES

NOTES

제3과

적그리스도의 미혹과 대환란

『그리고 나서 그 악한 자가 나타나리니 주께서 그를 자기 입에서 나오는 영으로 소멸하시고 그의 찬란한 오심으로 제거하시리라』(살후 2:8).

대환란과 적그리스도의 활동

1. 전 3년 반(죄의 사람)

▲ 거짓된 언약

다니엘의 70째 주인 대환란은 각각 3년 6개월의 전반기와 후반기로 나뉜다. 이때 유대인들은 주님의 예언대로 적그리스도를 영접하게 된다(요 5:43). 적그리스도는 유대인들에게 우호적으로 대하다가 대환란 중간에 돌변하여 유대인들과의 언약을 깨고 그들을 학살하기 시작할 것이다(단 9:27). 이 전 3년 반 동안, 하나님께서는 일곱 봉인의 첫 네 명의 말 탄 자들을 통한 재앙들로 땅에 사는 죄인들을 치신다. 곧 흰 말을 탄 적그리스도가 정복하러 나가 땅에서 평화를 제거하고, 사람들은 도처에서 서로를 죽이며, 기근이 임하는 가운데 땅의 시는 사람들 중 사분의 일이 죽게 되는 것이다(계 6:1-8). 이 자체로도 끔찍한 일들이지만 이것은 그야말로 "종말의 시작"에 불과하다.

2. 후 3년 반(멸망의 아들)

환란 중간부터 적그리스도는 사탄이 육화한 존재, 곧 멸망의 아들로서 예루살렘에 있을 성전의 지비석 위에 앉아 자신을 하나님이라 부르고, 죄인들에게

서 경배를 받으며(살후 2:4), 그와 그의 형상에게 경배하지 않는 사람들을 참수형에 처한다. 유대인들은 적그리스도의 학살과 박해로 인해 그 수가 급감하게 되고, 각 지파에서 12,000명씩 144,000명의 "동정들"(virgins)이 택함을 받는다(계 7:1-8). 또 두 증인들, 곧 모세와 엘리야가 적그리스도와 대결하다가 순교하며, 이후 그들은 다시 부활하여 하늘로 올라간다. 유대인 남은 자들은 광야로 피신하여 그곳에서 출애굽 때와 같이 기적적인 방법으로 부양을 받는다(계 12:1-6). 이때부터 땅에 사는 죄인들과 로마카톨릭과 사탄의 왕국을 치시는 하나님의 심판은 본격화된다. 짐승의 표, 숫자, 이름 등을 받지 않으면 물건을 사거나 팔 수도 없다. 이때부터 적그리스도는 유대인들을 잡아 사탄에게 희생제물로 드리고 그들의 피를 사람들로 하여금 마시게 한다(시 14:4, 사 6:13).

대환란 후 3년 반 동안 요한계시록의 일곱 봉인의 나머지 재앙들과, 일곱 나팔과 일곱 호리병의 재앙들이 땅 위에 쏟아진다. 악취가 나는 심한 헌데가 생기고, 바다와 강들과 물의 원천들이 모두 피로 바뀌며, 해는 그 열기로 사람들을 불태우고, 흑암이 있고, 전 세계를 뒤흔들 대지진이 있고, 볼링공 크기만 한 육중한 우박이 하늘에서 땅의 죄인들에게 떨어진다. 문자 그대로 지상에 지옥의 광경이 펼쳐진다고 해도 과언이 아니다. 재림 직전에 하나님께서는 사탄의 교회인 로마카톨릭을 심판하신다(계 17,18장). 대환란의 마지막 때에는 해와 달이 빛을 잃고 별들이 하늘에서 떨어지므로 지상의 죄인들에게 쏟아 부으시는 대재앙과 대혼란을 피할 곳이 없을 것이다(마 24:29).

마지막 때의 적그리스도의 행로는 분명하다. 그는 팔레스타인 땅을 침략할 것이며(단 11장), 예루살렘으로 들어와서(계 11장) 성전을 파괴하고(마 24장) 자신을 하나님으로 경배하도록 할 것이다(살후 2장). 그러나 그는 "멸망의 아들"로서 예루살렘에 들어가기 전에, 3년 반 동안 "죄의 사람"으로 교황의 자리에 앉게 될 것이다! 처음에는 교황이다가, 그다음에는 하나님으로 자처하게 된다. 그 사이의 간격은 매우 짧은데, 그래서 현재의 교황들은 하나님의 호칭인

"아버지"라 불리고 있다. 즉 "가장 거룩한 아버지"(요 17:11)로 자처하고 있는 것이다.

3. 적그리스도의 표와 숫자

성경은 이 짐승의 숫자에 대해서 명확하게 제시하고 있다. 『지혜가 여기에 있으니 지각이 있는 자는 그 짐승의 숫자를 헤아려 보라. 그것은 한 사람의 숫자이니, 그의 숫자는 육백육십육이니라』(계 13:18). "6"이 세 개 모인 이 숫자를 "한 사람의 숫자"(the number of a man)라고 말한다. "666"이라는 숫자는 요한계시록 13장 말고도 성경의 다른 곳에서 두 번 더 나타난다. 한 번은 솔로몬과 연관해서(대하 9:13), 또 한 번은 에스라 2:13에서 아도니캄("반역자의 우두머리"라는 뜻)의 자손들의 수를 말할 때 나온다.

역사적으로 하나님을 대적한 인물들과 적그리스도를 닮은 인물들 중에 많은 사람들이 "666"과 연관되어 있음을 알 수 있다. "카이사," "타이탄"(영어로 "Titan," 고대 태양신의 이름, 12월 25일이 생일임), "네로 케사르"(네로 황제), "로밋"(고대 히브리어로 로마), "쿠스의 아들 님롯"(히브리어로는 NMRD BN KSH), "사탄," "무솔리니"(VV IL DUCE), 교황을 말하는 "VICARIVS FILII DEI"(하나님의 대리자)도 정확히 "666"이다. 이 모든 증거를 모아 보면, "666"이 어떤 것을 나타내든지 이 숫자는 분명하게, 조금도 빗나가지 않고 바로 로마를 가리킨다. 그래서 로마와 예루살렘은 세계사의 두 초점이 되며, 세상의 어떤 일을 분석해 보아도 이 두 도성이 다루어지는 것은 너무나도 자연스럽다. 결국 역사 속에서 모든 나라는 로마에게 사로잡힐 것이지만, 로마에게 박해당하던 유대인들은 다시금 로마를 이기고 역사의 중심에서 그 빛을 발하게 될 것이다(계 19장).

성경 본문에서는 이 표에 대한 "구체적인 모습"을 발견할 수는 없다. 과거에 "**바코드**"가 나왔을 때는 바코드와 666을 연관시켜 설명하는 것이 크게 유행했었고, 몇 년 전부터는 사람의 몸에 칩을 이식하여 신원을 확인하고 개인 정보를 저장하는 "베리칩"을 짐승의 표로 주장하는 사람들이 등장했다. 그러나 이러한 것들은 오늘날의 기술적인 발전이 적그리스도가 전 세계를 통제하기에 용이하게 발전했음을 보여 주는 것이지, 그것들 자체가 "짐승의 표"라고는 말할 수 없다.

짐승의 표,
666의 입맞춤을 받으라

『또 내가 본 그 짐승은 표범과 같고』(계 13:2). 분명 이 짐승은 "**표범**"이었다. 그러므로 우리가 짐승의 표가 무엇인지 알려고 한다면 표범에게 어떠한 표가 있느냐를 찾아보면 된다. 이것은 어렵지 않다. 예레미야 13:23에서는 『**에디오피아인이 그의 피부를 바꿀 수 있으며 표범이 그의 점들을 바꿀 수 있겠느냐?**』라고 말씀한다. 표범은 "**검은 점들**"을 갖고 있다. 그리고 이 점들을 자세히 보면 두 개의 큰 검은 입술과 매우 흡사하다. 그렇다면 이것은 입맞춤과 관계되어 있다. 이 입맞춤은 유다가 예수님을 배반할 때 사용했던 신호이다(막 14:44). 이 입맞춤은 경배의 표시이기도 한데, 지금도 모든 카톨릭교도들은 마리아상의 발 등에 입을 맞추면서 경배한다. 대환란 때 지상에 남게 되는 죄인들은 자기 몸의 두 부분인 "**오른손**"이나 "**이마**"에(계 13:16), 셋 중 하나, 곧 "**표**"를 받거나 그 "**짐승의 이름**"이나 "**그의 숫자인 666**"을 받아야 경제 활동을 할 수 있다(계 13:17).[2)]

4. 적그리스도에 관한 요약

"**피터 럭크만 목사**"는 "**적그리스도**"의 정체와 그의 표와 활동 등을 밝혀낸 그의 책 〈**짐승의 표**〉에서, 수십 년 간의 성경 연구의 결과물, 곧 적그리스도에 대한 다양한 정보들을 성경적 진리들과 역사적 자료들을 근거로 다음과 같이 제시하였다.

1) 그의 종교는 로마카톨릭일 것이다.
2) 그의 국적은 함족 계통인 시리아계 유대인일 것이다.
3) 그의 전통과 성경은 북아프리카에서 유래한다.
4) 그는 자신이 예수 그리스도라고 주장할 것이다.
5) 그는 "**죄의 사람**"으로 로마에 3년 반 동안 있을 것이다.
6) 그는 "**멸망의 아들**"로 예루살렘에 3년 반 동안 있을 것이다.
7) 그는 과학과 외계에 관한 권위자가 될 것이다.
8) 그는 전 세계를 향해 입맞추는 태도로 평화롭게 올 것이다.
9) 그의 교회의 예배에는 아프리카 음악이 사용될 것이다.
10) 그는 바알 숭배를 회복할 것이다.
11) 그는 지상의 모든 카톨릭교도들과 자유주의자들을 완전히 바보로 만들

2) 참고로 이것은 "여섯 가지의 조합"이 가능함을 보여 준다(계 13:15-18).

것이다.

12) 그의 숫자는 "6"과 "13"과 관련될 것이다.

13) 고양이와 여기에서 파생된 낱말들이 그의 체제를 확증할 것이다.

14) 그가 가장 좋아하는 색깔은 검정색이다.

15) 그의 오른팔과 오른 눈은 상하여 못 쓰게 된다.

16) 그는 고대 로마제국을 재현할 것이다.

17) 그는 이스라엘에게 우호적이었다가 돌변하여 그들을 죽일 것이다.

18) 그는 자신을 하나님으로 내세워 제물을 바치도록 강요할 것이다.

19) 그의 정체를 나타내는 글자는 "X"이다.

20) 그는 변개된 성경의 결정체로서 배교한 프로테스탄트와 로마카톨릭이 조만간 추진하게 될 새로운 성경을 전격적으로 승인할 것이다.

■ 새롭게 깨달았거나 적용할 내용이 있다면 적어 보세요. ■

앞으로 남아 있는 일들

구원받은 그리스도인들은 대환란 때 적그리스도가 등장하여 전 세계를 통치하기 전에, 공중으로 오시는 주님께로 들림을 받아(휴거) 이 세상을 떠나게 될 것이다. 그때까지는 사탄이 주관하는 이 세상에서 적그리스도를 맞이하기 위한 준비들이 지속적으로 차근차근 이뤄져 갈 것이다. 마태복음 24장과 요한계시록을 보면 적그리스도와 관련하여 어떤 일들이 벌어질지 알 수 있다. 여기에서는 "적그리스도의 출현을 예비"하기 위해 이뤄질 일들이 무엇인지 몇 가지만 짚어 볼 것이다.

1. 세상은 적그리스도가 통치하기에 좋도록 계속해서 하나의 "지구촌"을 형성할 것이다.

님롯의 바벨탑을 통해서 인류가 하나가 되어 지극히 높으신 하나님을 대적했듯이, 적그리스도의 통치를 위해 세상은 UN과 영어를 기반으로 단일한 세계를 이루어 나가고 있다(창 11:1,4).

2. 에큐메니칼 운동이 계속 진행되어 "한 지붕 한 가족"이 될 것이다.

지난 1999년에는 로마카톨릭과 루터교가 소위 "칭의 교리"에 합의했고, 2006년에는 로마카톨릭과 세계감리교가 "칭의 교리"에 합의했으며, 2017년에는 로마카톨릭과 세계개혁교회연맹이 "칭의 교리"에 합의했다. 즉 500년 전에 마틴 루터가 일으킨 종교개혁이 루터교와 감리교와 일부 장로교 안에서는 이미 교리적으로 무효화되어 버렸고, 그들은 사실상 창녀 교회의 치마폭으로 다시 들어간 것이다(마 13:30).

3. 로마카톨릭과 개신교가 함께 쓸 수 있는 배교의 결정판, 하나의 변개된 성경이 채택될 것이다.

이 일도 바티칸의 호의와 협력을 받는 세계연합성서공회를 통해 이미 상당 부분 이뤄졌다고 봐도 무방하다. 세상에 있는 거의 모든 개신교 신학교들에서도 이들이 만든 변개된 헬라어 원문(네슬 - 알란드)과 변개된 히브리어 원문을 가지고 공부하고 있고, 이 변개된 원문들에서 233종의 변개된 영어 성서들이 나왔다. **개역한글판과 개역개정판 역시 동일한 변개된 원문들에서 나온 성서들이다**.

4. 아프리카 흑인 음악의 사용

느부캇넷살 왕이 음악을 우상 숭배에 사용했듯이 육감적이며 세속적인 아프리카 흑인 음악이 사탄 숭배를 위해 인기를 얻을 것이다(단 3:15).

5. 외계인에 관한 긍정적인 관심과 연구가 활발하게 진행될 것이다.

적그리스도와 함께 세상을 다스릴 열 왕은 모두 마귀들과 사람들의 씨가 섞인 자들이다. 따라서 세상은 "**외계인**"에 대한 긍정적인 관심을 높여갈 것이며 그들을 세상을 구원해 줄 존재들로 인식하게 될 것이다. **『또한 그 발가락의 일부는 철이요 일부는 진흙이므로 그 왕국이 부분적으로 튼튼하고 부분적으로 부서질 것이니이다. 왕께서 철과 차진 진흙이 섞인 것을 보셨으니 그들은 사람들**

바티칸 천문대, 가이 콘솔마노

의 씨와 섞일 것이나 그들이 서로 합하지 못하는 것이 철이 진흙과 섞이지 못함과 같으리이다』(단 2:42,43). 2005년의 한 조사에 따르면, 미국 성인들 중 상당수가 지구와 매우 다른 환경을 가진 행성들에 외계 생명체들이 살고 있을 가능성을 믿고 있는 것으로 조사되었다. 영국에는 하나님의 존재를 믿는 사람들보다 외계인의 존재를 믿는 사람들이 더 많다. 공중 권세의 통치자 사탄이 주관하는 세상의 죄인들은 이미 지구를 방문할 "외계인들"을 기다리고 있는 것이다.

로마카톨릭은 외계인에 대한 연구를 활발히 하고 있다. 바티칸은 지난 2009년 "우주생물과학컨퍼런스"(Astrobiology Conference)를 개최하였다. 바티칸이 외계인을 규명하는 문제를 주도적으로 이끌고 있는 것이다. 로마카톨릭은 "바티칸 천문대"를 운영하고 있으며, 그곳의 망원경과 장비는 세계 어느 연구 기관의 장비와 비교해도 뒤지지 않는다. 예수회 출신의 과학자들이 그곳에 상주하고 있으며 그들은 외계인들과의 교신을 시도하고 있다. 지난 2015년 8월 6일의 한 언론 보도에 따르면, 최근 바티칸 소속 바티칸 천문대 측은 「지구 이외의 또 다른 행성에 외계 생명체가 존재할 것으로 믿는다.」라고 밝혔다. 프란치스코 교황은 지난 2014년 5월, 바티칸 라디오 정규 방송에서 "내일이라도 녹색 피부에 긴 코와 큰 귀를 가진 화성인이 세례받기를 원한다면 그렇게 할 것이다."라고 말한 바 있다. 그러나 그 수위를 조절한 이런 공식 인터뷰와는 다르게 바티칸 천문대의 관계자 중 한 사람인 가이 콘솔마노(Guy Consolmagno)는 비공식 인터뷰에서 "우리는 또 다른 세계로부터 온 외계인, 곧 구주의 방문을

받게 될 것이다."라고 밝혔다. 확실한 것은, 로마카톨릭은 외계인들의 존재를 믿고 있으며 외계인들을 찾고 접촉하는 일에 있어서 다른 기관들에 뒤지기를 원하지 않는다는 사실이다.

노아의 날들에 있었던 것처럼 오늘날의 죄인들도 "외계인들"을 받아들일 준비가 되어 있다(눅 17:26,27, 창 6:1-4). 죄인들은 하나님 없이, 또한 세상의 구주시며 하나님의 어린양이신 주 예수 그리스도 없이, 오늘도 제각각 먹고 마시고 장가가고 시집가며 사악한 영적 존재와 인간의 결합으로 태어난 영웅들을 기다리고 있다. 죄인들의 세상은 자신들이 지지할 적그리스도를 영접할 준비가 되어 있는 것이다. 구원받은 그리스도인들은 위로부터 우리의 이름을 부르시고 "이리 올라오라."라고 호령하시는 음성을 들을 때까지(계 4:1, 살전 4:13-18), 이 예언의 말씀에 주의하면서 진리를 실행하고 복음을 전파의 임무를 완수하며 믿음의 선한 싸움을 싸워야 한다. 『**그러나 이런 일이 일어나기 시작하면 위를 보고 너희의 머리를 들라. 이는 너희의 구속이 가까이 왔음이라**』(눅 21:28). 『**보라, 내가 속히 오리라. 이 책의 예언의 말씀들을 지키는 자는 복이 있도다**』(계 22:7).

■ 새롭게 깨달았거나 적용할 내용이 있다면 적어 보세요. ■

제3과
복습문제

1. 앞으로 주님께서 오시고 구원받은 사람들로 이뤄진 그리스도의 몸이 지상에서 들림 받고 나면, 지상에는 (　　　　　　　　)이라고 불리는 시대가 펼쳐진다.

2. (　　　　　　　　)은 주님의 예언대로 적그리스도를 영접할 것이다(요 5:43). 죄의 사람인 적그리스도는 그들에게 우호적으로 대하다가 대환란 중간에 돌변하여 그들과의 언약을 깨고 그들을 학살하기 시작할 것이다(단 9:27).

3. 성경은 이 짐승의 숫자에 대해서 명확하게 제시하고 있다. 『지혜가 여기에 있으니 지각이 있는 자는 그 짐승의 숫자를 헤아려 보라. 그것은 한 사람의 숫자이니, 그의 숫자는 (　　　　　　　　　　)이니라』(계 13:18).

4. 세상은 적그리스도가 통치하기 좋도록 하나의 지구촌을 형성해 가고 있는데 (　　　　　　　　) 운동을 통해 그것을 이루어 가고 있다.

5. 이 모든 증거를 모아 보면, 짐승의 숫자가 어떤 것을 나타내든지 이 숫자는 분명하게, 조금도 빗나가지 않고 바로 (　　　　　　　　)를 가리킨다.

■ 복습 문제의 정답은 홈페이지(www.solomonbtc.org)에서 확인할 수 있습니다.

NOTES

NOTES

제4과
천상의 존재들과 성경의 UFO

『네 짐승들은 각각 자기 주위에 여섯 개의 날개를 가졌고 안쪽에는 눈들로 가득하더라. 또 그들은 밤낮 쉬지 않고 말하기를 "거룩하시도다, 거룩하시도다, 거룩하시도다, 전에도 계셨고, 지금도 계시며, 앞으로 오실 전능하신 주 하나님이여!" 하더라』(계 4:8).

우주의 영적 생명체들

■ 지구는 생명체가 거주하는 유일한 행성인가? ■

하늘은 "**세 부분**"(첫째 하늘, 둘째 하늘, 셋째 하늘)으로 구성되어 있다. "**첫째 하늘**"에는 구름들이 떠다니고 새들이 날아다닌다. 인간은 불과 116년 전에 자전거 가게 주인이었던 라이트 형제가 비행기를 발명한 이후 하늘을 날 수 있게 되었다.

지금은 거대한 여객기를 타고 지구 전체를 이리저리 빠르게 다니면서 하늘을 여행한다. 심지어 우주왕복선과 우주정거장이 지구의 궤도를 정기적으로 돌고 있고, 화성탐사선이 화성을 탐사하고 있다.

한편 성경은 지구가 "**생명체**"가 거주하는 유일한 장소가 아님을 보여주고 계신다. 해, 달, 별들, 행성들과 위성들이 존재하는 "**둘째 하늘**"과 그 너머로 하나님의 보좌가 있는 "**셋째 하늘**"에는 인간보다 더 지적이고 능력도 뛰어난 생명체들이 있는 것이다. 『**미카야가 말하기를 "그러므로 왕은 주의 말씀을 들으소서. 내가 보니 주께서 그의 보좌에 앉아 계시고 하늘의 모든 군대**[all the host of heaven]**가 그의 오른편과 왼편에 서 있는데**』(왕상 22:19). 말하자면 이 우주에는 천사들, 그룹들, 스랍들, 정사들, 권세들, 마귀들 등 눈에 보이지 않는 "**영적 생명체들**"도 존재하고 있는 것이다.

천상의 존재들

1. 천사들

천사들은 『하나님의 군대』(창 32:1,2, 시 148:2)를 이루는 "하늘의 군사들"(눅 2:13-15)이다. 군대이기 때문에, "천사장"(유 1:9, 살전 4:16), "최고 통치자"(단 10:13), "보좌들과 주권들과 정사들과 권세들"(골 1:16), "천사들과 권세들과 능력들"(벧전 3:22)과 같은 "계급"이 존재한다. 천사들은 하나님께서 『영들로』(시 104:4, 히 1:7) 삼으신 존재들로서 『섬기는 영들』(히 1:14)이다. 이들은 "하나님의 아들들"(욥 1:6; 2:1; 38:7, 창 6:2,4)과 "별들"(욥 38:7, 계 1:20; 9:1,2)로 불린다. 천사는 날개가 없는 33세 반의 "젊은 남성"(창 19,20장, 판 13-15장, 눅 24장, 계 21,22장)으로서, 인간의 외모와 비슷하다(cf. 히 13:2).

2. 그룹들(겔 1,10장)

그룹은 "생물의 모습"이면서 동시에 "사람의 모습"을 갖고 있다(겔 1:5). 처음에는 "다섯"이었으나, 그중에서 『덮는 그룹』(겔 28:14)인 루시퍼가 타락함으로써 셋째 하늘에서 쫓겨났고(겔 28:15,16), 지금은 "네 그룹"("네 생물," 겔 1:10 - 사람, 사자, 황소, 독수리, cf. 계 4:7)이 남아 있다. 그룹은 전후좌우로 "네 개의 얼굴"(겔 1:6,10)을 가지고 있기 때문에, 방향을 바꿀 때 "회전할 필요가 없고" 전후

▲ 네 그룹과 일곱 등불

좌우 보이는 방향 그대로 곧장 앞으로 나아간다(겔 1:9; 10:11). 그룹은 "**날개**"가 있는데, 움직이는 상태나 바라보는 각도에 따라 그 수가 "**네 개**"(겔 1:6,11) 또는 "**여섯 개**"(계 4:8)로 보인다. "**사람의 손들**"이 날개 아래에 있고(겔 1:8), 발은 "**곧은 발**"이며, 발바닥은 "**송아지 발바닥**"처럼 딱딱한 굽 모양(번쩍이는 놋쇠의 색깔)으로 되어 있다(겔 1:7).

그룹들이 이동할 때에는, 각기 두 날개를 활짝 펼쳐서 "**서로 날개 끝을 맞닿은 채로**" 마치 "**한 덩어리**"처럼 함께 움직인다(겔 1:9). 이는 네 그룹이 "**하나의 영**"에 의해 통제를 받고 있기 때문이다(겔 1:12).생김새가 마치 불이 이글거리면서 타오르는 모습과 같고, 그 불에서는 번개가 나온다(겔 1:13). 또한 그 움직임이 "**번개의 섬광**"처럼 빠른데(겔 1:13), 이는 마치 "**UFO**"를 연상하게 한다.

그룹들 곁에는 "**바퀴들**"이 있고(겔 1:15,19; 10:2), 그 수가 총 "네 개"이다. 그 모습은 모두 동일한데(겔 1:16), 색깔이 벽록색(겔 10:9 - 녹보석의 색깔)이고, 바퀴 중간에 또 하나의 바퀴가 있는 들어 있는 구조로 되어 있다. 이동할 때 네 면으로 움직이고, 방향을 바꿀 때는 그룹들처럼 회전하지 않는다(겔 1:17). 둘레가 매우 높고 무섭게 생겼으며 네 면 주위에 눈들이 가득하다(겔 1:18). 이것은 UFO 비행접시 모양을 연상하게 한다. 그룹들을 통제하는 "**그 영**"이 바퀴들 안에 있어서, 그룹들이 움직일 때 이 바퀴들도 한 덩어리로 함께 움직인다(겔 1:19-21). 그룹들의 날개 소리는 많은 물소리 같고, 전능하신 하나님의 음성 같으며, 많은 군대가 행군하는 소리처럼 상당히 요란스럽다(겔 1:24).

■ 진짜 UFO ■

「에스겔 1:1-14은 성경에 등장하는 "진짜 UFO"(Unidentified Flying Object, 미확인 비행 물체)를 묘사하고 있는데, 선지자 에스겔이나 사도 요한 등의 성경 기록자들 외에는 이러한 UFO를 본 적이 없다. 이 UFO 탑승자는 지난 100년 동안에 사람들이 보았다고 하

는 어떤 "회색인"이나 "파충류" 또는 "리겔리안"과 다르다(〈UFO를 둘러싼 음모〉). 이들 진짜 UFO 승무원들은 "하나님의 영광"과 관련되어 있을 뿐, 피나 전기, 물, 유리, 각을 뜬 소, 마그네슘, 세계 평화나 진화론 등과는 아무런 연관성이 없는 것이다」(피터 S. 럭크만).

3. 스랍들

"여섯 개의 날개"를 가졌으며, 하나님의 보좌 주위를 자유롭게 날면서 거룩하신 하나님을 찬양한다(사 6:1-3).

4. 천상의 기병들과 말들

선지자 이사야는 "타작하는 도구"와 연관된 "수레바퀴"(a cartwheel)를 보았는데(사 28:27), 이것은 "기병들"(horsemen)과 관련이 있다(사 28:28). 엘리야 선지자는 "불병거"(a chariot of fire)와 "불말들"(horses of fire)과 함께 회오리바람을 타고 셋째 하늘로 휴거되었는데, 이 모습을 지켜 본 엘리사는 『**이스라엘의 병거와 그 기병들[horsemen]이여!**』라고 소리를 질렀다(왕하 2:11,12). 시리아의 군대가 선지자 엘리사를 잡기 위해 성읍을 에워쌌을 때, 천상의 『말들과 불병거들』이 그를 돕기 위해 내려왔다(왕하 6:13-17). 스가랴 1장에는 온 땅을 두루 다니라고 하나님께서 보내신 "말들"(붉은 말

제프리 W. 마디스의 저서 〈외계인, 천사 그리고 우주〉, p.102

들, 얼룩말들, 흰말들)이 등장한다(7-11절). 재림 때 예수 그리스도와 그분의 군대는 "**흰말들**"을 타고 내려온다(계 19:11,14).

5. 그 외에 성경에 나오는 UFO들

다윗이 필리스티아인의 군대를 공격할 때 『**뽕나무들 꼭대기에서 걸어가는 소리를 듣거든, 그때에 행동을 개시하라.**』(삼하 5:24)라는 명령을 들었는데, 이것은 대기를 가로질러 나아가는 소위 "UFO"를 생각나게 한다. 스카랴 5장에는 『**날아가는 두루마리**』(1-4절)와 날아다니는 "**곡식을 담는 바구니**," 곧 『**에바**』(5-11절)가 나온다.

■ 새롭게 깨달았거나 적용할 내용이 있다면 적어 보세요. ■

제4과
복습문제

1. 천사들은 『하나님의 군대』(창 32:1,2, 시 148:2)를 이루는 "하늘의 군사들"(눅 2:13-15)이다. (O , X)

2. 천사들은 "(   )의 아들들"(욥 1:6; 2:1; 38:7, 창 6:2,4)로도 불린다.

3. 그룹은 "(   )의 모습"이면서 동시에 "(   )의 모습"을 갖고 있다(겔 1:5).

4. 스랍들은 "(   ) 개의 날개"를 가졌으며, 하나님의 보좌 주위를 자유롭게 날면서 거룩하신 하나님을 찬양한다(사 6:1-3).

5. 엘리야 선지자는 (   )와 (   )과 함께 회오리바람을 타고 셋째 하늘로 휴거되었다.

6. 재림 때 예수 그리스도와 그분의 군대는 "흰 말들"을 타고 내려온다(계 19:11,14). (O , X)

■ 복습 문제의 정답은 홈페이지(www.solomonbtc.org)에서 확인할 수 있습니다.

NOTES

NOTES

NOTES

제5과

외계의 수수께끼가 내려온다

『또 자기들의 처음 지위를 지키지 아니하고 자신들의 처소를 떠난 천사들을 주께서 영원한 사슬로 묶어 큰 날의 심판 때까지 흑암 속에 가두어 두셨느니라』(유 1:6).

UFO와 외계인들

■ UFO는 실제로 존재하는가? ■

UFO는 사람들에 의해 실제로 목격되었고 사진으로 촬영되었으며, 레이더로 추적을 당했는가 하면 근접관찰도 이루어졌다. 심지어 200명이 넘는 사람들이 UFO 안에 들어가 보기까지 했다고 증언했다. 내셔널지오그래픽이 "UFO의 존재"와 관련하여 미국인 1,114명을 대상으로 실시한 설문조사에 따르면, 미국인 3명 중 1명은 미확인비행물체(UFO)가 실제로 존재한다고 믿고 있는 것으로 나타났다. UFO의 존재에 대해 36%는 "**존재한다**"로, 38%는 "**확실치 않다**," 17%는 "**존재하지 않는다**"로 결과가 나온 것이다. 또한 응답자 79%는 미국 정부가 UFO에 관한 정보를 숨기고 있다고 답했다고 한다. 피터 럭크만 목사는 "**UFO에 관한 성경의 언급이나 역사적, 과학적 문서들이 워낙 생생하기 때문에, 그 존재를 부정하는 것은 마치 활화산을 병마개로 막아 버리려는 것과 같다.**"라고 말했다.

UFO를 연구하는 사람들은 하늘에 나타나는 이상한 불빛들과 비행물체들과 외계에서 왔다는 존재들과의 조우 등이 일어나는 경우마다 일일이 번호를 매기고 비평하며 세심하게 점검했는데, 이런 UFO와 관련해서는 대개 다음과 같은 질문들을 한다. ① 다른 행성들에도 지적인 문명들이 있을 수 있나요? ② 하나님께서 다른 행성들을 창조하셔서 그곳에 인간이 아닌 다른 존재들이 거주하도록 하시지 않았을까요? ③ 성경은 우주에 다른 생물체가 있다거나 우주에서 어떤 활동이 전개되고 있다고 말하지는 않나요? ④ "외계인들"은 정말 다른 세상에서 왔나요? ⑤ 지구는 단지 지적 생물체가 거주할 수 있는 여러 개의 행성들 중에 하나일 뿐인가요? ⑥ 우주와 타락한 인간과는 어떤 관계가 있나요?

1. UFO 목격자들의 증언들[3)]

UFO들은 "실제로" 존재하며, 그들은 수 세기 동안 존재해 왔다.

"높은 하늘에서 빙빙 회전하고 있는 둥근 방패가 보인다... 하늘이 마치 큰 상처가 난 듯 갈라지고... 그 틈으로 강한 빛이 비쳐 나오고 있다." [〈불가사의 편람〉, 티토 리보(B.C. 57 - A.D. 17)]

"대낮에 하늘 중간에 떠 있는 별들이 보였다." [〈마커스 오릴리어스 이후의 제국 역사〉 제1권, 시리아의 헤로디안(A.D. 170)]

"네 개의 거대한 비행 물체가 나타났다... 하늘에서 빛이 나타나더니 기도하고 있던 수도사들 머리 위를 비추고 있었다. 그 빛은 수도원 반대편에 머물고 있다가 태양처럼 밝은 빛을 발하며 하늘 저 멀리 사라져 버렸다." [〈영국민족사〉, 영국의 비드 부주교(A.D. 672-735)]

"583년 프랑스 영토 상공에 저공으로 비행하는 매우 밝은 빛을 내는 물체가 있었다... 810년 샤를마뉴 대제는 하늘에서 번개처럼 내려오는 거대한 원반을 보

---

3) 〈UFO를 둘러싼 음모, 피터 S. 럭크만〉, 「3. 꼬리를 물고 나오는 "UFO" 이야기」, pp.84-109 참조. "전쟁이나 죄에 대한 이야기 빼고는 이 지구상에서 UFO에 관한 이야기만큼 끊임없이 꼬리를 물고 흘러나오는 이야기도 없다"(pp.106,107).

플로리다 사라소타
1960년 5월 4일, 오전 9시 15분

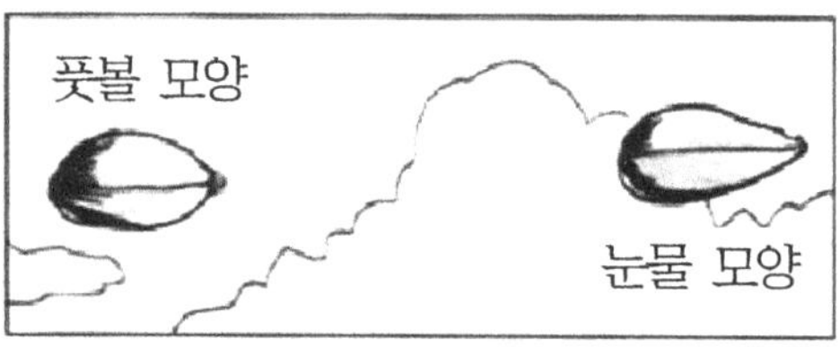

텍사스 레버랜드(1957년 11월 2일)
네바다 카슨(1960년 8월 13일)
마조르카 섬(1960년 5월 22일)

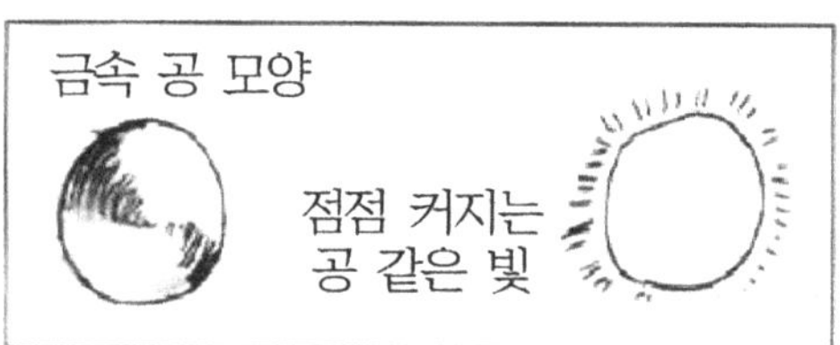

에드워드 공군기지(1961년 10월 12일)
델라로프(1945년 3월 11일)
발러(1952년 1월 20일)

있는데, 그것은 동쪽 하늘에서 서쪽 하늘로 날아가고 있었다. 그 빛이 너무도 밝아서 그가 타고 있던 말이 뒷걸음질 치는 바람에 그는 말에서 떨어져 다치고 말았다." [〈고대프랑스의 역사〉, 뚜르즈의 그레고리]

"나는 지금 버뮤다 삼각지대 위를 항해하고 있는 중이다... 공중에 올라갔다 내려왔다 하는 불빛을 보았다. 그 불빛은 밤중에 여러 번 스쳐 지나가는 광선처럼 갑자기 나타났다... 불빛이 우리 배 앞에서 위 아래로 춤추듯 움직이더니 배 옆을 스치고 지나갔다." [크리스토퍼 콜럼버스(A.D. 1492년)]

"원통형으로 생긴 물체 속에서 단계적으로 수없이 많은 불빛이 나왔다... 어찌나 밝은지 눈이 부셨다." [독일 시인 괴테(A.D. 1768)]

"나는 외계인들에게 납치되어 UFO 안으로 끌려 들어간 적이 있다. 괴상한 생물들이 개가 짖는 소리와 비슷한 소리를 냈고, 겨드랑이에 빨간색 털이 난 한 여자가 사팔뜨기 눈으로 나를 쳐다보았다. 그들은 내게 생체실험을 했는데, 나중에 내 몸을 진단한 올라보 T. 폰테스 박사는 내 몸에서 3개월 동안 독성을

방출할 수 있을 정도의 방사선이 검출되었다고 말해 주었다." [브라질의 빌라스 보아스(A.D. 1957)]

"**UFO, 곧 회전하는 원반처럼 생기고 빛과 비행 소리를 내던 '하늘을 나는' 그 기계들은 아르헨티나 근처 남극지대의 바다 밑에 기지를 갖고 있었던 같다. 나는 그 UFO에 납치되었다가 돌아왔는데, 그 비행 물체는 중력을 역행할 수 있었고, 저수지와 발전소로부터 동력을 공급받을 수 있도록 만들어졌다.**" [네브라스카의 허버트 셔머(A.D. 1967)]

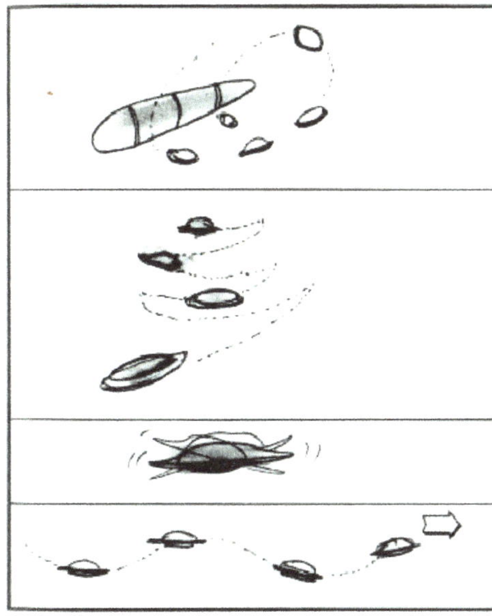

〈하늘을 나는 UFO들〉
1947년과 1962년 사이에
전 세계 14개국과 미국 내 30개 주에서
87명의 목격자들의 증언을 바탕으로
만들어진 모양

현대 과학은 우주, 곧 지구 이외의 다른 행성들에도 고도로 발달된 지적 생명체가 존재한다는 신념하에 계속해서 외계 생명체를 찾고 있다. 심지어 외계인이 유전자 조작을 통해 인류를 창조했다고 주장하는 사람들이 있는가 하면("라엘리안 무브먼트"), 하나님께서 "외계인들"을 창조하셔서 다른 행성들에 거주하도록 만드셨다고 이론화하는 자들도 있다. 바티칸 천문관측소의 예수회 감독인 조지 가브리엘 퓬즈 신부는 지구 밖 광활한 우주에 다른 형태의 지적 생명체들이 있을 수 있다는 가능성을 내비치며 이렇게 말했다. "다른 곳에서도 생명이 발달해 왔을 수 있다는 사실을 어떻게 배제할 수 있는가? 지상의 피조물을 형제자매로 생각하듯이 외계인을 형제라고 못할 이유가 어디 있는가? 그 역시 창조의 일부분일 것이다." [바티칸 신문 〈로세바토르 로마노〉와의 인터뷰에서]

2. UFO와 그 탑승자들의 기원

UFO는 지구 바깥, 곧 우주에서 내려오지 않는다. 우주에서 "인간"과 같은 생명체가 거주하는 행성은 "지구"가 유일하다. 성경 어느 곳에도 지구 이외에 고도로 발달된 지적 문명이나 생명체가 존재하는 행성에 대한 언급이 없다. 하나님께서는 우리가 살고 있는 행성에 특별히 "지구"(Earth - 마른 땅)라는 이름을 붙이셨고, 우주의 모든 군상들, 곧 해와 달과 별들을 지구를 위해 만들어 주셨다(창 1:14-18). 인간과 같은 형태의 생명체가 다른 행성에서 나와 접시 같은 우주 비행 물체를 타고 지구를 방문할 것이라는 현대인들의 생각은 할리우드 공상과학 영화나 다윈의 생물학적 진화론의 산물이다.

UFO의 탑승자들인 소위 "외계인들"은 다른 행성에서 진화한 존재들이 아니다. 지구 너머에는 하나님께서 창조하신 영적 존재들(그룹, 스랍, 천사, 천상의 동물 등)과 타락한 영적 존재들(사탄, 마귀들, 정사들, 권세들 등)이 있긴 하지만, 소위 현대의 "우주 외계인"은 이들 중 어떤 범주에도 포함되지 않는다. UFO 탑승자들은 더러운 마귀적인 영들이 육화한 존재가 아닌 한, 결코 지구 바깥인 외계로부터 내려온 "외계인들"이 아니다. 이들 "화성인, 회색인간, 녹색인간, 시리언 족 등"으로 불리는 존재들이나 종이 섞인 "잡종 생명체들"은 어떤 뛰어난 지적인 능력에(타락한 천사들일 수 있음) 의해 만들어진 "돌연변이들"이다.

이들의 기원은 노아의 날들에 하늘에서 지구로 내려왔던 "**타락한 천사들**"과 관련이 있다(창 6:1-4). 하나님의 아들들이 사람들의 딸들의 아름다운 것을 보고 그들을 자신들의 아내들로 삼았다(2절).

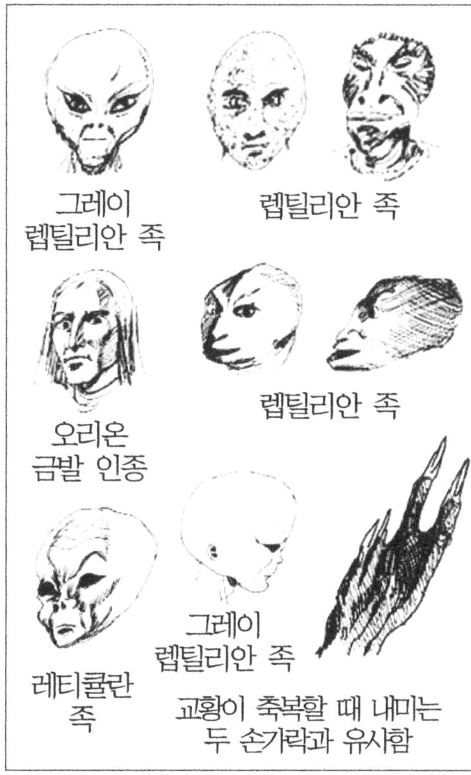

이들 하나님의 아들들은 자기들의 처음 지위를 지키지 않고 자신들의 처소를 떠난 타락한 천사들로서, 현재는 백보좌 심판 때까지 지옥의 흑암 속에 갇혀 있다(유 1:6, 벧후 2:4). 타락한 천사들과 사람들의 딸들 사이에서 "**돌연변이 종족**"인 "**거인들**"이 나왔다. 이들은 당대 유명한 용사들이 되었는데(4절, "슈퍼맨"), 그리스 로마 신화에 등장하는 신들처럼 비도덕적이고 잔인하며 복수하기를 좋아하고 많은 경우에 있어서 변태성욕자들이었다.

이러한 "**불경건한 결합**"에는 동물들도 관련되어 있었는데, 이런 이유로 하나님께서는 노아의 홍수 때 동물들까지 모두 죽이셨다(창 6-9장). 수간에 관련된 동물들은 모두 죽어야 했던 것이다(레 20장). 이교도의 많은 신들이 기괴한 인간과 동물의 잡종의 모습들을 띠고 있다는 것은 결코 우연한 일이 아니다(팬, 배스트, 다곤, 몰렉, 가네샤, 가루다, 커누노스, 톳, 하누맨 등).

▲ 거인 영화

팬	배스트	다곤
염소 인간	고양이 여자	물고기 인간

300건에 달하는 UFO 착륙 사실을 기록해 놓은 문서들(〈우주인, 1977〉, 찰스 보웬 편집)을 보면, 100명이 넘는 목격자들의 증언하는 다음과 같은 내용들을 발견할 수 있다. 1954년 UFO의 탑승자들에 대해 묘사하면서, 목격자들 가운데 여섯 명은 그들을 "거인들"이라고 했고, 아홉 명은 "키가 큰 사람들"이라고 했으며, 다섯 명은 "정상적인 사람들"이라고 했고, 열 명은 "키가 작은 사람들"이라고 했으며, 열두 명은 "꼬마들, 난쟁이들"이라고 설명했다. 또 다른 다섯 명은 "털북숭이 난쟁이들"이라 묘사했고, 세 명은 "초록색을 띤 생물들"이라 말했고, 또 한 사람은 "털북숭이 거인들"이라고 묘사했다. 그리고 "긴 머리카락"(계 9:8)이라는 묘사도 여섯 군데에서 나온다. 이런 증언들이 있기 전에는 "작은 회색 인간들"이나 "회색" 유니폼을 입은 외계인들, 또는 심해 수중탐사복 같은 옷을 입은 "키 큰 사람들"이라는 묘사가 있었다.

분명한 사실은 하나님께서는 이들을 창조하시지 않았다는 점이다. 이 불경건한 존재들은 어떤 방법으로든 만들어졌고, 그 과정에서 실질적인 연합이나 유전자 조작 또는 어떤 다른 우리가 모르는 과정이 있든지 없든지, 타락한 천사들과 마귀들의 부패한 지혜가 연관되어 있다는 점은 매우 확실하다.

제5과 복습문제

1. 영화에나 나오는 UFO나 외계인은 모두 허구이며, 실제로는 존재하지 않는다. (O , X)

2. 우주에서 인간과 같은 생명체가 거주하는 행성으로 지구가 유일하다는 것은 틀린 말이다. 지구 이외의 다른 행성들에도 고도로 발달된 지적 생명체(외계 생명체)가 존재하는 것이다. (O , X)

3. UFO는 지구 바깥, 곧 우주에서 내려오지 않는다. (O , X)

4. UFO의 탑승자들인 소위 "외계인들"은 실제로 다른 행성에서 진화한 존재들이다. (O , X)

5. UFO 탑승자들은 어떤 뛰어난 지적 능력에(타락한 천사들일 수 있음) 의해 만들어진 "돌연변이들"이다. (O , X)

6. UFO 탑승자들의 기원은 노아의 날들에 하늘에서 지구로 내려왔던 "타락한 천사들"과 관련이 없다. (O , X)

■ 복습 문제의 정답은 홈페이지(www.solomonbtc.org)에서 확인할 수 있습니다.

NOTES

NOTES

NOTES

제6과
적그리스도와 UFO

『또 내가 환상 가운데 말들과 그 위에 탄 자들을 보았는데 그들은 불과 제신스와 유황으로 된 흉배를 지녔으며, 말들의 머리는 사자들의 머리 같고 그들의 입에서는 불과 연기와 유황이 나오더라』(계 9:17).

외계인에 관한 오래된 속임수

제프리 마디스는 그의 책 〈외계인, 천사, 그리고 우주〉에서 외계인에 관하여 이렇게 결론을 내리고 있다. "이종간의 교배로 태어난 존재들이 우주여행을 위해 고의적으로 만들어졌다. 이는 하나님께서 인간에게 분명하게 금지시키신 능력이다. 이 이론이 사실이라면, 정체가 불분명한 비행기 충돌과 소위 말하는 '**외계인 사체**' 발견을 설명하는 데 도움이 될 것이다. 즉 그것들은 우리 인간이 한 실험이었던 것이다. '**우주에서 온 외계인**'이라는 개념은 단지 미디어에서 선전하는 정교하면서도 교묘하게 디자인된 표지 기사일 뿐이다. 그런데 인간은 왜 그렇게 하면서까지 우주여행을 하려고 하는 것인가? 사실 궁극적인 목적은 단순한 우주여행에 있지 않고, 과거 바벨탑 사건처럼 인간적인 방식으로 하늘나라에 도달하는 것에 있다. 이것은 그들이 마귀의 자식들임을 분명하게 보여 준다(요 8:44, 사 14:13,14)."

UFO와 그 탑승자들 그리고 외계인들

1. "땅 아래에서 올라오는" UFO와 그 탑승자들

UFO의 탑승자들은 "**땅 아래에서**" 올라온다. **노아의 홍수 때 돌연변이 "거인**

▲ 초자연적인 메뚜기들

들"이 이곳 지상에서 만들어졌듯이, 소위 외계인들의 출처는 "지구" 그 자체이며, 특히 "땅 아래"가 본거지이다. 외계 생명체의 존재와 그것을 만든 동기는 다분히 "마귀적"이다. 이들 외계인들의 몸은 마귀들이 거할 장소를 제공해 준다.

대환란 때는 실제로 "땅 아래"로부터 "돌연변이들," 곧 초자연적인 메뚜기들이 올라온다(계 9:1-11). 이들은 "끝없이 깊은 구렁"에서 올라오는 기괴한 돌연변이들이다(1-3절). 전쟁을 위해 준비한 "말들" 같고, 그 머리에는 "금 면류관" 같은 것을 썼다(7절). 얼굴은 "사람들의 얼굴" 같고, 머리카락은 "여인들의 머리카락" 같으며, 이빨은 "사자들의 이빨" 같다(8절). 흉배는 "철 흉배" 같고, 날개 소리는 전쟁터로 달려가는 많은 말들이 끄는 "병거 소리" 같다(9절). "전갈 같은 꼬리"가 있고, 꼬리에는 "쏘는 침"이 있어 다섯 달 동안 사람들을 해칠 권세를 받는다(10절). 이들 타락한 돌연변이들은 그들 나름대로 지구에서 살 길을 찾고 있는 것인데, 교회의 휴거가 일어날 때까지는 지하에 숨어 지내다가 대환란 때 그들의 목표를 달성하기 위해 지상으로 올라올 것이다. 그들의 최종 목표는 절대 권위자의 자리에까지 올라가 이 땅에서 "신들"이 되는 것에 있다. 이 목표를 달성하기 위해 타락한 인간을 이용하고 있는 것이다.

"내가 봤어... 그것들의 생각을 말이야. 그들이 하려고 하는 계획들을 봤어. 그것들은 마치 메뚜기들 같아. 행성에서 행성으로 이동하지... 자신들의 모든 문명과 자원을 모두 다 소비하면 다른 행성으로 이동을 하지... 그다음 차례가 바로 이곳, 즉 우리가 살고 있는 지구인 거야."[영화 〈인디펜던스데이〉 중에서]

■ 소위 "우주 외계인들"의 진짜 출처 ■

요한계시록 9:1-11은 소위 우주 외계인들의 진짜 출처를 보여 주는 중요한 구절들이다. 할리우드는 이 이상한 돌연변이들 같은 생명체의 기원이 "우주"라고 말하려고 애를 쓴다. 하지만 성경은 분명하게 이런 형태의 것들이 "땅 아래에서" 올라온다고 말씀한다. 말하자면 우주에서 온 외계인이 아니라 "지구 내부 속에 있는 기괴한 생명체들"인 것이다. 우주에서 생명체가 살고 있는 유일한 행성은 지구라는 사실을 다시 한 번 기억해야 한다. 의심의 여지없이 창세기 6장의 거인들처럼 지구에 사는 이런 생명체들은 하나님께서 승인하지 않으신 생명체들이다. 이 특이하고 괴물 같은 존재들이 자신들을 다스릴 초자연적인 천사인 "왕"을 가지고 있다는 점은 매우 흥미롭다(계 9:11). 여기에서 우리는 타락한 천사들이 어떤 형태로든지 이런 잘못된 생명체의 존재와 연계되었음을 다시 한 번 보게 된다.

2. 하늘에서 내려올 진짜 외계인들

소위 우주에서 온 외계인들이 지구를 침공하는 것이 아니다. 인간과 마귀들의 결탁을 통해 지구에서 나온 잡종 존재들이 하늘나라로 올라가고자 시도하고 있을 뿐이다. 마치 하나로 연합한 전체 인류가 바벨탑을 쌓음으로써 하늘까지 다다르려고 시도했던 것처럼 말이다(창 11:4-6). 그런데 그 일을 도와주기 위해 외계로부터 진짜 방문자들이 내려오게 된다.

미래의 대환란 때 하늘에서 벌어질 전쟁에서, 사탄은 이스라엘을 대표하는 천사이자, 위대한 통치자(단 12:1)인 "**미카엘**"을 이기지 못하고 지상으로 쫓겨난다. **그때 사탄은 사람들처럼 보이는 타락한 천사들과 함께 내려올 것이다**.

이 "**외계의 방문자들**"이 땅으로 내려올 때, 그들은 세상의 나라들을 로마카톨릭 아래로 모을 것인데, 주 예수 그리스도께서는 이들 모두를 아마겟돈 전쟁에서 단번에 진멸하시고 불태워 없애실 것이다(계 19장). 『**또 하늘에 전쟁이 있으니 미카엘과 그의 천사들이 용을 대항하여 싸우고 용과 그의 천사들도 싸우나 그들이 이기지 못하여 하늘에서 더 이상 있을 곳을 찾지 못하더라. 그리하여 그 큰 용이 쫓겨나니 그는 마귀라고도 하고 사탄이라고도 하는 옛 뱀, 곧 온 세상을 미혹하던 자라. 그가 땅으로 쫓겨나고 그의 천사들도 그와 함께 쫓겨나더라**』(계 12:7-9).

요한계시록 12장에서 사탄이 이 땅으로 쫓겨날 때, 이어지는 13장에서는 사탄이 육화한 존재인 적그리스도가 등장한다. 적그리스도는 "**열 개**"(열 왕국 또는 열 왕)의 세계 연합 세력과 연관을 맺을 것이며, 이것이 다니엘서와 요한계시록에서는 "**열 발가락**"(단 2:41,42)과 "**열 뿔**"(단 7:7, 계 13:1; 17:11,12)로 묘사되고 있다. 적그리스도의 왕국은 "**철**"과 "**진흙**"이 섞인 왕국이 될 것인데(단 2:41- 43), 그가 연합하게 될 열 왕국을 다스리는 열 왕들은 사탄과 더불어 외계에서 내려온 초자연적인 존재들로서, 일부는 진흙으로 대표되는 인간이고 일부는 철로 대표되는 마귀적인 존재들이다. 이들은 철로 된 인간들로서 창세기 6장에서처럼 또다시 인간 여자들을 아내로 삼고 그 사이에서 거인들과 같은 "**돌연변이 괴물들**"을 낳게 될 것이다.

■ 새롭게 깨달았거나 적용할 내용이 있다면 적어 보세요. ■

■ 그리스도인은 무엇을 해야 하는가? ■

① 구원의 확신을 점검해야 한다. 자신의 구원이 확실치 않다면, 지금이라도 예수 그리스도를 구주로 믿고 영접해야 한다(롬 10:9,10, 요 1:12).

② 정신을 차리고 깨어 있어 사탄과 육신과 세상에 맞서 싸우고(벧전 5:8,9), 죄로부터 온전히 성별해야 한다(벧전 1:14-16).

③ 예수 그리스도의 재림을 간절히 고대해야 한다(벧후 3:12,13).

④ 재림을 기다리는 것을 방해하고 싫증나게 하는 모든 것을 피해야 한다.

⑤ 세상과 세상에 있는 것들에 집착해서는 안 된다(요일 2:15 눅 21:34).

⑥ 성경을 부지런히 읽고 공부하고 믿고 실행함으로써 믿음의 진전을 이루어야 한다.

⑦ 구령의 열정을 가지고 신실하게 복음을 전파해야 한다.

"밤이나 낮이나 신실하게 섬기는 종들에게 주님께서 상 주러 오실 때, 과연 우리는 등불을 밝히며 다소곳이 깨어 있는 모습을 보여 드릴 수 있을까? 아침 일찍 동 틀 무렵 그분께서 우리를 하나씩 하나씩 부르실 때, 우리는 우리가 남긴 므나를 보여 드리며 '착하고 신실한 종아, 참으로 잘 했도다!' 라는 말씀을 들을 수 있을까? 주님께서 오실 때 깨어 있는 자는 복이 있나니, 그분의 영광에 동참하게 될지어다. 새벽이나 한밤중에 오시더라도 우리는 깨어 있는 모습을 보여 드릴 수 있을까? 형제자매들이여, 정말로 준비되어 있는가? 우리 혼의 밝은 집을 예비해 놓았는가? 주님께서 오실 때 우리가 주님을 기다리고, 기다리고, 또 기다려 왔다는 모습을 보여 드릴 수 있을까?"(화니 크로스비, 1876)

제6과
복습문제

1. UFO 탑승자들은 "땅 아래에서" 올라온다. (O , X)

2. 앞으로 있을 대환란 때 우주에서 내려올 진짜 외계인들은 "타락한 천사들" 이다. (O , X)

3. 적그리스도의 왕국은 "철"과 "진흙"이 섞인 왕국이 될 것인데(단 2:41-43), 그가 연합하게 될 열 왕국을 다스리는 열 왕들은 사탄과 더불어 외계에서 내려온 초자연적인 존재들로서, 일부는 진흙으로 대표되는 인간이고 일부는 철로 대표되는 마귀적인 존재들이다. (O , X)

4. 『또 하늘에 전쟁이 있으니 미카엘과 그의 (　　　　　)들이 용을 대항하여 싸우고 용과 그의 (　　　　　)들도 싸우나 그들이 이기지 못하여 하늘에서 더 이상 있을 곳을 찾지 못하더라. 그리하여 그 큰 용이 쫓겨나니 그는 마귀라고도 하고 사탄이라고도 하는 옛 뱀, 곧 온 세상을 (　　　　　)하던 자라. 그가 땅으로 쫓겨나고 그의 (　　　　　)들도 그와 함께 쫓겨나더라』(계 12:7-9).

■ 복습 문제의 정답은 홈페이지(www.solomonbtc.org)에서 확인할 수 있습니다.

NOTES

NOTES

NOTES

NOTES

< 추 천 도 서 >

UFO를 둘러싼 음모

피터 S. 럭크만 지음 / 400쪽

14,000원(eBook 6,900원)

이 책은 BC. 4000년부터 발견되는 기이한 현상들과 뉴에이지, 버뮤다 삼각지대, 흑마술, 모든 전설들과 신화들에서 발견되는 신비한 현상들의 실체를 밝혀 준다.

외계인, 천사 그리고 우주

제프리 W. 마디스 지음 / 216쪽

9,000원(eBook 6,300원)

이 책은 외계인으로 알려진 존재들과 천사나 그룹, 타락한 천사나 마귀 등 영적 존재들에 대해 성경적 증거를 제시하여 그들의 실체와 정확한 지식을 제공해 준다.

짐승의 표

피터 S. 럭크만 지음 / 122쪽

5,000원(eBook 1,200원)

이 책은 하나님의 말씀에 비추어 적그리스도의 정체와 활동에 관련된 사실들을 다루었다. 666, 바코드, EC, 중동 국가 등의 정보와 이와 연관된 성경지식들을 폭넓게 얻을 수 있다.

휴거 이후에 있을 일들

피터 S. 럭크만 지음 / 192쪽

10,000원(eBook 3,500원)

이 책은 종말론과 연관해서 실제적인 부분, 즉 휴거와 재림 때에 믿는 자와 믿지 않는 자들에게 각각 닥칠 일들에 대해서 사실적인 묘사로 설명하고 있어 재림에 대한 소망을 생생하게 품게 해준다.

솔로몬 성경공부 시리즈
적그리스도와 짐승의 표

개정판1쇄 2022년 10월 7일
개정판2쇄 2023년 7월 14일
지 은 이 / 편 집 부
발 행 인 / 박 승 용
발 행 처 / 말씀보존학회
출판등록 / 제 409-2022-000036호
주 소 / 서울 강서우체국 사서함 제90호
전 화 / (02) 2665 - 3743
팩 스 / (02) 2665 - 3302
인 터 넷 / www.biblemaster.co.kr

잘못된 책은 바꿔 드립니다.

값 10,000 원